Dieses Buch gehört:

Zwergenstübchen

Zwergenstübchen

KARTOFFELKISTE

Kaufmann Verlag

Die Zwergenstübchen Kartoffelkiste ist eine Sammlung von leckeren Kartoffelrezepten. Sie finden darin Köstliches aus der heimischen Küche, ebenso Kartoffelspezialitäten fremder Länder. Bestimmt werden Sie und Ihre Familie von der Vielfalt der Zwergenstübchen Kartoffelgerichte begeistert sein, denn für jeden Geschmack ist etwas dabei – herrlich Pikantes, Feines und Erlesenes, wundervoll Würziges und himmlisch Süßes.

Wie immer, nach Zwergenart, einfach und schnell zuzubereiten.

Freuen Sie sich nun auf ein abwechslungsreiches Kochen und Backen rund um die Kartoffel.

Viel Spaß mit der Kartoffelkiste und gutes Gelingen wünscht Ihnen Ihr Zwergenstübchen

Elke und Timo Schuster

Die Kartoffel

Es geht doch komisch zu in der Welt:
Im Frühjahr versteckt mich der Bauer im Feld,
im Herbst zieht er aus mit Weib und Kind
und sucht, bis er mich wieder find't,
aber dann bin ich nicht mehr allein,
ich hab' 'ne Menge Kinderlein!

FEINE KARTOFFELN!

RAHMKARTOFFELN

Zutaten:
1 kg festkochende Kartoffeln
50 g Butter
1 feingehackte Zwiebel
100 g Schinkenwürfel
2 Esslöffel Mehl
$^{1}/_{4}$ l Fleisch- oder Gemüsebrühe
$^{1}/_{4}$ l Milch
etwas Salz, Pfeffer und Oregano
$^{1}/_{2}$ Becher Crème fraîche
Petersilie zum Bestreuen

Zubereitung:
Kartoffeln kochen, schälen, in Scheiben schneiden. Butter schmelzen, Zwiebel und Schinkenwürfel hineingeben, glasig dünsten. Danach das Mehl darin anschwitzen. Mit Brühe und Milch ablöschen (dabei ständig rühren, damit keine Klumpen entstehen).
Die Soße ca. 10 Minuten bei geringer Hitze köcheln lassen, mit den Gewürzen abschmecken. Anschließend Crème fraîche unterziehen.
Die Kartoffelscheiben in der Soße erhitzen. Vor dem Servieren kleingehackte Petersilie darüberstreuen.

FEINE KARTOFFELN!

KARTOFFELGULASCH

Zutaten:

1 kg festkochende Kartoffeln
1 Zwiebel
1 grüne und
1 rote Paprikaschote
1/2 Knoblauchzehe
50 g durchwachsener Speck
etwas Öl
1/2 l Wasser
1 Gemüsebrühwürfel
1 Esslöffel Paprika edelsüß
etwas Salz, Pfeffer, Basilikum und Thymian
1/2 Becher Crème fraîche

Zubereitung:

Die geschälten Kartoffeln in kleine Würfel schneiden. Zwiebel kleinhacken, Paprikaschoten in Streifen schneiden, Knoblauchzehe zerdrücken. Den kleingeschnittenen Speck in heißem Öl anbraten, anschließend Zwiebel, Paprika, Knoblauch kurz mitbraten. Nun die Kartoffelwürfel dazugeben, mit dem Wasser ablöschen, Gemüsebrühwürfel sowie Gewürze einrühren. Das Ganze zum Kochen bringen, bei schwacher Hitze ca. 30 Minuten garen. Danach Crème fraîche unterziehen.

KARTOFFEL-WINTEREINTOPF

Zutaten:
2 l Gemüsebrühe
150 g weiße Bohnen
150 g grüne Erbsen
150 g Linsen
500 g Kartoffeln
250 g Möhren
1 Esslöffel Öl
etwas Salz, Pfeffer
und Basilikum

Zubereitung:
Bohnen und Erbsen in der Gemüsebrühe 1 Stunde kochen. Danach Linsen sowie die geschälten, gewürfelten Kartoffeln dazugeben. Den Eintopf etwa weiter 30 Minuten garen (durch das Einkochen evtl. etwas Wasser nachgießen).
In der Zwischenzeit Möhren in Scheiben schneiden, zusammen mit dem Öl 15 Minuten vor Kochende zufügen.
Den Kartoffel-Wintereintopf mit den Gewürzen abschmecken.

BUNTES ALLERLEI

Zutaten:
750 g Kartoffeln
je 1 rote, gelbe, grüne Paprikaschote
500 g Champignons
etwas Olivenöl
1 Becher Crème fraîche
etwas Salz, Pfeffer, Paprika
evtl. Hartkäse zum Überbacken

Zubereitung:
Kartoffeln kochen, schälen, kaltstellen. Paprikaschoten in Streifen sowie die geputzten Champignons blättrig schneiden. Olivenöl erhitzen, Gemüse zufügen, kurz dünsten. Crème fraîche und Gewürze verrühren, zusammen mit den in Scheiben geschnittenen Kartoffeln unter das Gemüse mengen.

Das Bunte Allerlei entweder nochmals erhitzen oder in eine gefettete Auflaufform geben, mit geriebenem Käse bestreuen und im vorgeheizten Backofen bei 180 Grad ca. 30 Minuten überbacken.

GAISBURGER-MARSCH

Zutaten:
für die Brühe:
2 1/2 l Wasser
500 g Suppenfleisch
Suppengrün (Zwiebel, Sellerie, Möhren, Petersilie)
Gemüsebrühwürfel
etwas Salz und Pfeffer

für den Spätzleteig:
250 g Mehl
2 Eier
1 Teelöffel Salz
100 ml Wasser

für den Eintopf:
500 g Kartoffeln
1 Zwiebel
etwas Butter
Schnittlauchröllchen

Zubereitung:
In das kochende Wasser Fleisch, Suppengrün, Gewürze hineingeben und weichkochen.
Herstellung der Spätzle:
Alle Zutaten verrühren, zu einem zähen Teig schlagen, bis er Blasen wirft. 4 l Wasser mit etwas Salz zum Kochen bringen. In die Spätzlespresse Teig füllen, diesen in das kochende Wasser drücken.
Die Spätzle, sobald sie hochsteigen, mit einem Schaumlöffel herausnehmen, durch heißes Wasser ziehen, abgetropft in eine Schüssel geben.

Fertigstellung des Eintopfes:
Das gekochte Fleisch aus der Brühe nehmen, diese durchseihen und darin die geschälten, gewürfelten Kartoffeln garen.
Kleingeschnittenes Suppenfleisch, ebenso Spätzle, zu den Kartoffeln geben. Das Ganze erhitzen.
Zum Schluss die kleingehackten, in Butter leicht gebräunten Zwiebeln sowie Schnittlauchröllchen auf dem Gaisburger-Marsch verteilen.

Der Gaisburger-Marsch ist ein echtes schwäbisches Gericht. In manchen Gegenden wird er auch Kartoffelschnitz und Spätzle genannt. Dieser seit Generationen überlieferte Eintopf kommt ursprünglich aus Gaisburg, das heute ein Stadtteil von Stuttgart ist.

KARTOFFEL-NUSSKUCHEN

Zutaten:
400 g mehligkochende Kartoffeln
250 g Butter
200 g Zucker
1 Päckchen Vanillezucker
3 Eier
300 g Mehl
50 g Speisestärke
1 Päckchen Backpulver
knapp 1/4 l Milch
200 g gemahlene Haselnüsse
100 g geriebene Schokolade
1 Teelöffel Zimt
1 Messerspitze Nelken

Zubereitung:
Die gekochten, geschälten Kartoffeln noch heiß durch die Kartoffelpresse drücken, erkalten lassen.

Butter schaumig schlagen. Abwechselnd Zucker, Vanillezucker, Eier dazugeben und zu einer cremigen Masse rühren. Gesiebtes Mehl, Speisestärke, Backpulver vermischen, löffelweise zusammen mit der Milch einrühren. Anschließend Kartoffeln, Haselnüsse, Schokolade, Zimt, Nelken unter den Teig ziehen. Diesen in eine gefettete mit Semmelbrösel ausgestreute Springform füllen. Im vorgeheizten Backofen bei 180 Grad ca. 60 Minuten backen.
Der erkaltete Kartoffel-Nusskuchen kann mit Puderzucker bestäubt oder Kuvertüre überzogen werden.

ZUCKER
MEHL

Kartoffel-Käseauflauf

Zutaten:

1 kg Kartoffeln, etwas Salz, Pfeffer, Majoran, 50 g Butter,
150 g geriebener Hartkäse, 1 Becher süße Sahne

Zubereitung:

Die geschälten Kartoffeln auf dem Gurkenhobel in dünne Scheiben schneiden. Einen Teil der Kartoffeln in eine gefettete Auflaufform schichten. Gewürze und Käse darauf verteilen, mit zerlassener Butter beträufeln. So lange in dieser Reihenfolge fortfahren, bis alle Kartoffeln aufgebraucht sind. Die oberste Kartoffellage mit Käse abdecken, Sahne darübergießen. Im vorgeheizten Backofen bei 200 Grad ca. 60 Minuten backen.

KARTOFFEL-GEMÜSE-GRATIN

Zutaten:
750 g festkochende Kartoffeln
250 g Zucchini
250 g Tomaten
1 Zwiebel
200 g Schafskäse
etwas Kräutersalz, Pfeffer, Paprika, Knoblauch, Schnittlauchröllchen, Thymian und Basilikum
100 g geriebener mittelalter Gouda
250 g Crème fraîche
3 Eier

Zubereitung:
Die gewaschenen, geschälten Kartoffeln ebenso Zucchini, Tomaten, Zwiebeln in Scheiben schneiden (für Kartoffeln, Zucchini, Zwiebel den Gurkenhobel verwenden).

Zuerst einen Teil der Kartoffeln auf den Boden einer gefetteten Auflaufform legen. Nacheinander Zucchini, Tomaten, Zwiebelringe, zerbröckelter Schafskäse schichten. Zwischen die einzelnen Lagen Gewürze sowie kleingehackte Kräuter streuen. So lange in dieser Reihenfolge fortfahren, bis alle Zutaten aufgebraucht sind.
Darauf achten, dass das Gratin mit Tomatenscheiben und Schafskäse abgedeckt ist, darüber Gouda streuen.
Für den Guss Crème fraîche und Eier gut verquirlen, über das Kartoffel-Gemüse-Gratin gießen. Im vorgeheizten Backofen bei 200 Grad ca. 45 Minuten backen.

KARTOFFEL-CROQUETTES

Zutaten:
750 g mehligkochende Kartoffel
1 Esslöffel Kartoffelmehl
2 Eigelb
etwas Salz und geriebene Muskatnuss

1 Ei
Semmelbrösel
Fett zum Ausbacken

Zubereitung:
Die gekochten, geschälten Kartoffeln noch heiß durch die Kartoffelpresse drücken, erkalten lassen. Die Kartoffelmasse zusammen mit Kartoffelmehl, Eigelb, Salz, Muskatnuss gut verkneten. Aus dem Teil Rollen formen (ca. 5 cm lang, 2 cm Ø), diese in zerschlagenem Ei, danach in Semmelbrösel wenden, anschließend in heißem Fett schwimmend ausbacken.

Auf die gleiche Weise können Kartoffel-Bällchen hergestellt werden, anstelle der Rollen formt man aus dem Teig kleine Kugeln.
Kartoffel-Croquettes sowie Kartoffel-Bällchen werden zu Fleisch- und Gemüsegerichten gereicht.

KARTOFFEL-CRÊPES

Zutaten:
600 g mehligkochende Kartoffeln
2 Esslöffel Mehl
1 Esslöffel Kartoffelmehl
6 Eier
1/2 Becher süße Sahne
etwas Salz
Fett zum Ausbacken

Zubereitung:
Ebenso wie bei den Kartoffel-Croquettes die gekochten, geschälten Kartoffeln durchdrücken, abkühlen lassen. Mehl, Kartoffelmehl, Eier, Sahne, Salz dazugeben und alles gut verrühren. Den Teig ca. 30 Minuten ruhen lassen. Anschließend dünne Pfannkuchen in heißem Fett goldgelb ausbacken.
Kartoffel-Crêpes isst man gerne mit Apfelmus, Marmelade oder Gemüse.

KARTOFFEL-CORDON-BLEU

Zutaten:
600 g mehligkochende Kartoffeln
80 g Mehl
40 g Kartoffelmehl
2 Eigelb
etwas Salz, Pfeffer, Muskatnuss, Majoran
5 Scheiben Schinken
5 Scheiben Käse (z.B. Gouda)

Eiweiß zum Bestreichen
1 Ei
Semmelbrösel
Fett zum Ausbacken

Zubereitung:
Die gekochten, geschälten Kartoffeln noch heiß durch die Kartoffelpresse drücken, erkalten lassen. Anschließend Mehl, Kartoffelmehl, Eigelb, Gewürze dazugeben, gut verkneten. Aus dem Teig eine Rolle formen, davon fünf gleich große Scheiben schneiden. Jede auf einer bemehlten Arbeitsfläche etwa 1/2 cm dick kreisförmig auswellen.

Danach alle Teigstücke halbseitig mit Schinken und Käse belegen. Den Teigrand zur Hälfte mit dem leicht geschlagenen Eiweiß bestreichen, die anderer darüberklappen, andrücken.

Zum Schluss in zerschlagenem Ei sowie Semmelbrösel wenden, in heißem Fett ausbacken. Angerichtet mit Petersilie und Zitronenscheiben schmecken die Kartoffel-Cordon-bleu besonders gut zu Gemüse oder Salat.

LUSTIGES ZWERGENSPIEL

KARTOFFELLAUF:

Kochlöffel, Kartoffeln

Die Kinder stellen sich nebeneinander in einer Reihe auf. Jedes erhält einen Kochlöffel mit einer Kartoffel darauf. Nach dem Startkommando „Auf die Plätze fertig los“ laufen alle zu einem vorher bestimmten Ziel.

Beim Kartoffellauf darf man nur den Kochlöffelstiel, aber nicht die Kartoffel festhalten. Sobald eine Kartoffel herunterfällt, muss sie aufgehoben und wieder auf den Kochlöffel gelegt werden, erst danach kann das Kind weiterlaufen. Wer zuerst mit der Kartoffel auf dem Kochlöffel am Ziel ankommt, ist Sieger. In der Spielpause lassen sich die Zwerge die leckeren Kartoffelchips schmecken.

Kartoffelchips

Einige Kartoffeln waschen, schälen und in dünne Scheiben schneiden. Etwas Öl, Salz oder Paprika in einer Schüssel verrühren. Die Kartoffelscheiben darin wenden. Diese auf ein Backblech legen und im vorgeheizten Backofen bei 200 Grad ca. 15 Minuten backen.

KARTOFFELNESTCHEN

Zutaten:
800 g mehligkochende Kartoffeln
100 g Butter
4 Eigelb
etwas Salz und geriebene Muskatnuss

2 Eier
3 Esslöffel süße Sahne
100 g geriebener Hartkäse

Zubereitung:
Kartoffeln kochen, schälen, noch heiß durch die Kartoffelpresse drücken.

In die warme Kartoffelmasse kleingeschnittene Butter einrühren. Danach Eigelb, Salz sowie Muskatnuss dazugeben und alles gut verarbeiten.
Den Teig in einen Spritzbeutel mit großer Sterntülle füllen, Nestchen auf ein gefettetes Backblech spritzen.
Anschließend ein Ei mit Sahne verrühren, Hartkäse untermischen und in die Mitte der Kartoffelnestchen füllen.
Zum Schluss diese mit dem anderen, zerschlagenen Ei bestreichen. Im vorgeheizten Backofen ca. 10 Minuten bei 200 Grad goldgelb backen.

KARTOFFELKLÖSSE

Zutaten:
1 kg mehligkochende Kartoffeln
1 Brötchen (2 Tage alt)
etwas Butter
1 Esslöffel kleingehackte Petersilie
2 Eier
3 Esslöffel Mehl
1/2 Teelöffel Majoran
etwas Salz und geriebene Muskatnuss

Zubereitung:
Kartoffeln am Vortag kochen, schälen, noch heiß durch die Kartoffelpresse drücken. Bis zur Weiterverarbeitung im Kühlschrank aufbewahren.

Das in kleine Würfel geschnittene Brötchen in heißer Butter rösten. Petersilie ebenfalls in Butter dämpfen. Alle o.g. Zutaten zu den Kartoffeln geben und gut miteinander vermengen. Daraus Klöße formen, diese in kochendes Salzwasser legen, bei schwacher Hitze ca. 20 Minuten ziehen lassen. Mit einem Schaumlöffel herausnehmen, nach dem Abtropfen die Klöße auf einer Platte anrichten.
Als Variante kann man unter den Kartoffelteig noch 100 g in kleine Würfel geschnittene Fleischwurst mischen.

LAUCH-KARTOFFELGERICHT

Zutaten:
800 g Kartoffeln
30 g Butter
3 Stangen Lauch
etwas Salz, Curry
und Pfeffer
1 Ei
1 Becher süße Sahne
50 g geriebener Hartkäse

Zubereitung:
Kartoffeln kochen, schälen, in Scheiben schneiden. Butter schmelzen lassen, darin den in Ringe geschnittenen Lauch kurz andünsten, mit Salz, Curry würzen.

Eine Auflaufform ausfetten, lagenweise Kartoffelscheiben, Lauchringe hineingeben (als Abschluss Kartoffeln legen). Jede Kartoffelschicht mit etwas Salz sowie Pfeffer bestreuen. Ei und Sahne miteinander verquirlen, über den Auflauf gießen.
Zum Schluss den Käse auf dem Lauch-Kartoffelgericht verteilen. Im vorgeheizten Backofen bei 200 Grad ca. 30 Minuten überbacken.

KARTOFFELNUDELN

Zutaten:
1 kg mehligkochende Kartoffeln
180 g Mehl
2 Eier
etwas Salz und geriebene Muskatnuss
Butter zum Anbraten

Zubereitung:
Kartoffeln am Vortag kochen, schälen, noch heiß durch die Kartoffelpresse drücken.
Bis zur Weiterverarbeitung im Kühlschrank aufbewahren.

Die Kartoffeln mit Mehl, Eier, Salz, Muskatnuss zu einem Teig verkneten. Daraus auf einer bemehlten Arbeitsfläche fingerlange, etwa 1/2 cm dicke Nudeln formen, die an den Enden spitz zulaufen. Diese in kochendes Salzwasser geben und so lange darin ziehen lassen (nicht kochen), bis sie auf der Oberfläche schwimmen. Mit einem Schaumlöffel herausnehmen, in ein Sieb legen, kurz unter kaltem Wasser abschrecken, gut abtropfen lassen. Anschließend in zerlassener Butter anbraten.

Die Kartoffelnudeln bezeichnet man je nach Landschaft auch als Schupfnudeln. Die süddeutsche Stadt Heilbronn ist bekannt für ihr ganz besonderes Schupfnudelgericht: das „Heilbronner Leibgericht“. Auf einem Teller sind drei Schweinelendchen in einer Pilzrahmsoße mit zwei Maultäschchen, einer Handvoll Spätzle und etwa sieben Schupfnudeln angerichtet.

Im oberschwäbischen Raum werden sie gerne als Krautnudeln gegessen. Hier mischt man die fertigen Schupfnudeln unter gut angebratenes Sauerkraut.
Auch zu Kartoffelsalat sowie Gemüse schmecken Kartoffelnudeln gut. Wer es lieber süß mag, kann Apfelmus dazu reichen.

KARTOFFELWÜRSTCHEN

Zutaten:
1 kg mehligkochende Kartoffeln
3 Eigelb
120 g geriebener Hartkäse
etwas Salz und
geriebene Muskatnuss

1 Ei
Semmelbrösel
Fett zum Ausbacken

Zubereitung:
Kartoffeln kochen, schälen, noch heiß durch die Kartoffelpresse drücken, erkalten lassen.
Eigelb, Hartkäse, Salz sowie Muskatnuss zufügen und zu einem glatten Teig kneten.
Aus diesem Würstchen formen (ca. 10 cm lang, 2 cm Ø). Jedes zuerst in zerschlagenem Ei, danach in Semmelbrösel wenden. Die Kartoffelwürstchen in heißem Fett ausbacken.

ÜBERRASCHUNGSWÜRSTCHEN

Zutaten:
1 kg mehligkochende Kartoffeln
180 g Mehl
2 Eier
etwas Salz
12 Cocktailwürstchen
1 Eigelb zu Bestreichen

Zubereitung:
Ebenso wie bei den Kartoffelwürstchen die gekochten, geschälten Kartoffeln durchdrücken, erkalten lassen. Mehl, Eier, Salz dazugeben, alles auf einer bemehlten Arbeitsfläche zu einem glatten Teig verarbeiten (falls der Teig klebt, noch etwas Mehl unterkneten). Diesen knapp 1 cm dick auswellen, daraus 12 Rechtecke schneiden. Auf jedes ein Würstchen legen, einrollen und mit dem zerschlagenen Eigelb bestreichen. Die Überraschungswürstchen auf ein gefettetes Backblech legen. Im vorgeheizten Backofen bei 200 Grad ca. 45 Minuten backen.

KARTOFFELBRÖTCHEN

Zutaten
(ca. 12 Brötchen):
400 g mehligkochende Kartoffeln
500 g Mehl
2 Päckchen Trockenhefe
1/2 Esslöffel Salz
1 Ei
200 ml Milch
50 g Butter
200 g gehackte Walnüsse
süße Sahne zum Bestreichen

Zubereitung:
Auch hier die gekochten, geschälten Kartoffeln durchdrücken, abkühlen lassen. Mehl, Hefe, Salz sowie das Ei zufügen. Milch und Butter in einem Topf erwärmen, zu den Teigzutaten geben. Den Teig kräftig kneten, danach zugedeckt etwa 8 Stunden in den Kühlschrank stellen.
Anschließend die Walnüsse gut unterarbeiten. Aus dem Teig Brötchen formen, auf ein gefettetes Backblech setzen, zugedeckt 15 Minuten gehen lassen. Zum Schluss mit Sahne bestreichen und in den kalten Backofen schieben.
Bei 200 Grad ca. 45 Minuten backen.

Feine Gnocchi

Zutaten:

1 kg Kartoffeln, 200 g Mehl, 3 Eigelb, etwas Salz und Thymian

Zubereitung:

Kartoffeln kochen, schälen, noch heiß durch die Kartoffelpresse drücken, abkühlen lassen. Anschließend Kartoffeln, Mehl, Eigelb, Salz und Thymian zu einem Teig verarbeiten. Aus diesem kleine Klößchen formen, in kochendes Salzwasser geben, etwa 10 Minuten ziehen lassen (nicht kochen).
Mit dem Schaumlöffel herausnehmen, abtropfen lassen.
Die Gnocchi mit Käsesoße servieren. Man kann sie aber auch in eine gefettete Auflaufform legen, mit einem Becher Sahne übergießen, den geriebenen Hartkäse darauf verteilen und im vorgeheizten Backofen bei 180 Grad ca. 30 Minuten überbacken.
Zu beiden Gnocchi-Spezialitäten schmecken Salatvariationen.

KRÄUTERKÜCHLEIN AUS ITALIEN

Zutaten:
400 g Kartoffeln
75 g Mehl
125 g geriebener Parmesankäse
1 Ei
1 Prise Muskatnuss
1 Esslöffel gehackte Petersilie
2 gehackte Salbeiblätter
etwas Salz und Pfeffer
80 g gewürfelter Mozzarella
Öl zum Ausbacken

Zubereitung:
Gekochte, geschälte Kartoffeln noch heiß durch die Kartoffelpresse drücken.

In die abgekühlten Kartoffeln Mehl, Parmesankäse sowie das Ei geben, zu einem glatten Teig verarbeiten. Gewürze und Kräuter untermengen.
Aus dem Teig Küchlein formen, in jedes einem Würfel Mozzarella drücken (darauf achten, dass jeder Mozzarellawürfel ganz mit Teig umhüllt ist). In heißem Öl beidseitig goldgelb backen.
Auf italienisch heißen diese Küchlein Panzarotti.

PIZZA BELLA ITALIA

Zutaten:

Teig:

400 g Mehl
$^{1}/_{4}$ l lauwarmes Wasser
1 Würfel Hefe
1 Teelöffel Zucker
1 Teelöffel Kräutersalz
3 Esslöffel Olivenöl

Belag:

500 g Tomaten
je 1 grüne/gelbe Paprikaschote
100 g gekochten Schinken
200 g Champignons
etwas Kräuter-, Knoblauchsalz und Pfeffer
800 g festkochende Kartoffeln
Pizzagewürz
100 g geriebener Hartkäse

Zubereitung:

Hefe und Zucker in dem lauwarmen Wasser auflösen, $^{1}/_{4}$ Stunde gehen lassen.
Das Mehl in eine Schüssel sieben, in die Mitte eine Mulde drücken, Kräutersalz, Olivenöl, Hefewasser hineingeben.
Alles zu einem glatten, geschmeidigen Teig kneten.
Diesen zugedeckt ca. 1 Stunde gehen lassen, bis er sich verdoppelt hat.

Danach den Teig auf einer bemehlten Arbeitsfläche kurz durchkneten, auswellen und auf ein gefettetes Backblech legen.
Tomaten, Paprika, Schinken in kleine Würfel sowie Champignons blättrig schneiden, mit den Gewürzen abschmecken und auf dem Pizzaboden gleichmäßig verteilen.

Die in dünne Scheiben gehobelten Kartoffeln schuppenförmig auf dem Belag anordnen.
Zum Schluss Pizzagewürz ebenso Käse darüberstreuen.
Im vorgeheizten Backofen bei 220 Grad ca. 40 Minuten backen.

RUCK-ZUCK-PIZZA

Zutaten:
150 g durchwachsener Speck
750 g festkochende Kartoffeln
500 g Tomaten
250 g Champignons
etwas Kräutersalz, Pfeffer und Pizzagewürz
200 g geriebener Hartkäse

Zubereitung:
Den würfelig geschnittenen Speck kurz anbraten, die dünn gehobelten Kartoffelscheiben dazugeben. Diese unter öfterem Wenden etwa fünf Minuten mitbraten.

Tomaten in Scheiben sowie Champignons blättrig schneiden, mit den Speckkartoffeln vermischen. Alles auf einem gefetteten Backblech gleichmäßig verteilen, gut würzen. Anschließend Käse darüberstreuen und im vorgeheizten Backofen bei 220 Grad ca. 25 Minuten backen.

KARTOFFELSCHMAUS

Zutaten:
1 kg Kartoffeln
2 Esslöffel Öl
150 g in kleine Würfel geschnittener durchwachsener Speck
1 kleingeschnittene Zwiebel
5 Eier
5 Esslöffel Milch
etwas Salz, Pfeffer, Majoran
1 Bund feingeschnittener Schnittlauch

Zubereitung:
Die gekochten Kartoffeln schälen, in Scheiben schneiden. Speckwürfel sowie Zwiebel in heißem Öl andünsten. Kartoffelscheiben dazugeben, goldbraun braten. Eier, Milch, Gewürze verquirlen und über die Kartoffelmasse gießen. Das Ganze stocken lassen. Den Kartoffelschmaus auf einer Platte anrichten, Schnittlauchröllchen darüberstreuen.

PIKANTER KUCHEN

Zutaten:

Teig:

250 g Mehl

1/2 Würfel Hefe

125 ml Milch

50 g Butter

1/4 Teelöffel Salz

Belag:

750 g mehligkochende Kartoffeln

60 g Butter

180 ml Milch

1 Becher Crème fraîche

150 g Quark

2 Eier

etwas Salz

Zubereitung:

Das Mehl in eine Schüssel sieben. In die Mitte eine Mulde drücken, Hefe hineinbröckeln und mit etwas lauwarmer Milch glattrühren. Auf den Mehlrand kleingeschnittene Butter sowie das Salz geben. Restliche Milch dazugießen, den Teig so lange kneten, bis er Blasen wirft und sich von der Schüssel löst. Bei Zimmertemperatur zugedeckt etwa 45 Minuten gehen lassen (bis er sich verdoppelt hat).

Anschließend kurz durchkneten. Danach auf einer bemehlten Arbeitsfläche auswellen, in eine gefettete Kuchenform legen, dabei den Teig am Rand ca. 3 cm hochziehen.

Am Vortag die Kartoffeln kochen, schälen, noch heiß durch die Kartoffelpresse drücken.

Zubereitung des Belages:

Kleingeschnittene Butter zu den Kartoffeln geben, mit heißer Milch übergießen und glattrühren, alle übrigen Zutaten daruntermengen.

Die Masse gleichmäßig auf den Kuchenboden streichen.

Im vorgeheizten Backofen bei 200 Grad ca. 45 Minuten backen. Noch warm servieren.

KNUSPERCHEN

Zutaten:
750 g mehligkochende Kartoffeln
2 Eier
etwas Salz und geriebene Muskatnuss
250 g Mehl
Fett zum Backen

Zubereitung:
Die gekochten, geschälten Kartoffeln noch heiß durch die Kartoffelpresse drücken, erkalten lassen.
Danach Eier, Salz, Muskatnuss, Mehl dazugeben, zu einem glatten Teig verkneten.
Fett in zwei Pfannen erhitzen, die Masse hineingeben, glattstreichen, auf beiden Seiten goldbraun braten.
Anschließend das Ganze mit dem Bratenwender zerkleinern, im wieder wenden und zerstoßen, so lange, bis man kleine Knusperchen hat.
Knusperchen können zu Süßem und Pikantem gereicht werden, z.B. zu Apfelbrei, Gemüse, Feldsalat.

BACKKARTOFFEL-VARIATIONEN

1. BLECHKARTOFFELN

Zutaten:
8–10 große Kartoffeln
Öl
Salz
Kümmel

Zubereitung:
Die gesäuberten Kartoffeln ungeschält der Länge nach halbieren.
Öl auf die Schnittflächen der Kartoffeln pinseln, Salz sowie Kümmel darüberstreuen und mit der Schnittfläche nach unten auf ein gut geöltes Backblech legen. Anschließend die Kartoffeln vollends einölen.
Im vorgeheizten Backofen bei 220 Grad ca. 35 Minuten backen.
Blechkartoffeln isst man gerne zu Kräuterquark oder Salat.

2. SESAMKARTOFFELN

Zutaten:
800 g Kartoffeln
Öl
Salz
Sesam

Zubereitung:
Kartoffeln waschen, schälen und in ca. 1 cm dicke Scheiben schneiden.

Diese auf zwei gut geölte Backbleche legen. Die Kartoffelscheiben mit Öl bepinseln, Salz darüberstreuen.
Im vorgeheizten Backofen bei 200 Grad ca. 12 Minuten backen. Danach wenden, mit Salz und Sesam bestreuen, etwa weitere 12 Minuten backen.

3. KÄSEKARTOFFELN

Zutaten:
800 g Kartoffeln
Öl
Salz
Hartkäse

Zubereitung:
Kartoffeln kochen, schälen und in ca. 1 cm dicke Scheiben schneiden.

Diese auf zwei gut geölte Backbleche legen. Die Kartoffelscheiben mit Öl bepinseln, Salz darüberstreuen.
Im vorgeheizten Backofen bei 200 Grad hellbraun backen, wenden, mit Käsestückchen belegen und so lange im Ofen lassen, bis der Käse geschmolzen ist.
Für dieses Rezept eignen sich auch gut Pellkartoffeln, die von einer Mahlzeit übriggeblieben sind.

KARTOFFEL-SPINAT-QUICHE

Zutaten:
200 g Mehl
100 g Butter
etwas Salz
3 Esslöffel kaltes Wasser
250 g Blattspinat
650 g Kartoffeln
1 Bund Petersilie
1 Knoblauchzehe
etwas Salz und Pfeffer
2 Eier
150 g süße Sahne
80 g geriebener Hartkäse

Zubereitung:
Mehl, Butter, Salz, Wasser zu einem glatten Teig verkneten. Diesen auf einer bemehlten Arbeitsfläche auswellen, in eine gefettete Quiche-Form legen, etwa 1 Stunde kaltstellen.

Als nächstes den Spinat in Streifen schneiden, kurz blanchieren, gut abtropfen lassen. Kartoffeln schälen, grob raspeln. Petersilie, Knoblauch fein hacken. Anschließend Spinat, Kartoffeln, Petersilie sowie Gewürze miteinander vermengen, auf den Teigboden geben, gleichmäßig verteilen. Die mit Sahne verquirlten Eier darübergießen und die Kartoffel-Spinat-Quiche mit Käse bestreuen. Im vorgeheizten Backofen bei 180 Grad ca. 45 Minuten backen.

MEHL

KARTOFFELROULADEN

Zutaten:
1 kg Kartoffeln
3 Stangen Lauch
150 g Champignons
etwas Butter
2 Esslöffel süße Sahne
etwas Salz, Pfeffer und geriebene Muskatnuss
350 g Mehl
2 Eier

Bratfolie

Zubereitung:
Kartoffeln am Vortag kochen, schälen, noch heiß durch die Kartoffelpresse drücken.
Bis zur Weiterverarbeitung im Kühlschrank aufbewahren.
Lauch in Ringe, Champignons blättrig schneiden. Beides in Butter kurz andünsten, mit Sahne und den Gewürzen abschmecken, noch einige Minuten bei geringer Hitze köcheln lassen.

Kartoffeln, Mehl, Eier, Salz, Muskatnuss zu einem glatten Teig verarbeiten. Diesen auf einer bemehlten Arbeitsfläche auswellen, und zwar so, dass es zwei Rechtecke gibt (jedes ca. 1 cm dick). Darauf die inzwischen abgekühlte Lauch-Champignonmasse gleichmäßig verteilen und von der Längsseite her aufrollen.

Jede Roulade in eine Bratfolie legen, die Enden gut zusammenbinden. In eine Kasserolle oder feuerfeste Form Wasser geben, die Rouladen darin zugedeckt im vorgeheizten Backofen bei 160 Grad ca. 30 Minuten garen.
In einer Pfanne etwas Butter zerlassen und die erkalteten, in Scheiben geschnittenen Rouladen goldgelb ausbacken.

KARTOFFELSALAT

Zutaten:
1 kg festkochende Kartoffeln
$\frac{1}{4}$ l Gemüse- oder Fleischbrühe
3 Esslöffel Essig
1 kleine Zwiebel
1 Teelöffel Salz
etwas Pfeffer
5 Esslöffel Öl
Schnittlauchröllchen

Zubereitung:
Die gekochten, geschälten, noch warmen Kartoffeln in dünne Scheiben schneiden.
In die heiße Brühe Essig, kleingehackte Zwiebel sowie die Gewürze geben, leicht abkühlen lassen. Das Öl vorsichtig unter die Kartoffeln ziehen. Anschließend mit der gewürzten Brühe übergießen, zugedeckt etwa 1 Stunde durchziehen lassen. Vor dem Servieren Schnittlauchröllchen darüberstreuen.

Dieses Kartoffelsalat-Grundrezept kann vielfältig verändert werden.
Andere Geschmacksrichtungen erzielt man durch Untermischen z.B. von gehobelten Gurkenscheiben, feingeschnittenem Endiviensalat, Kresse, in kleine Würfel geschnittenem durchwachsenem, angebratenem Speck.
Ebenso kann er durch würfelig geschnittene Essiggurken, Wurst, Heringe oder Eischeiben verfeinert werden.

KARTOFFEL-SOUFFLÉ

Zutaten:
500 g mehligkochende Kartoffeln
4 Eigelb
1 Becher Crème fraîche
125 g geriebener Gouda
etwas Salz, Pfeffer und geriebene Muskatnuss
4 Eiweiß

Zubereitung:
Kartoffeln kochen, schälen, noch heiß durch die Kartoffelpresse drücken, lauwarm weiterverarbeiten.

Danach Eigelb, Crème fraîche, Gouda sowie die Gewürze dazugeben, alles gut miteinander verrühren. Eiweiß steif schlagen und vorsichtig unter die Kartoffelmasse ziehen.
In eine gefettete Auflaufform füllen.
Im vorgeheizten Backofen bei 200 Grad ca. 45 Minuten backen. Das Kartoffel-Soufflé schmeckt besonders gut zu Gemüse.

SCHWEIZER-RÖSTI

Zutaten:
1 kg Kartoffeln
etwas Salz und
geriebene Muskatnuss
5 Esslöffel Butter

Zubereitung:
Vom Vortag gekochte, geschälte Kartoffeln grob raffeln sowie würzen. Drei Esslöffel Butter in einer Pfanne erhitzen, Kartoffeln hineingeben. Mit dem Bratenwender flachdrücken und bei mittlerer Hitze goldgelb anbraten. Danach auf einen Teller gleiten lassen. Restliche Butter erhitzen und die Rösti mit der gebackenen Seite nach oben vorsichtig vom Teller in die Pfanne zurückgleiten lassen. Die untere Seite ebenfalls goldgelb anbraten.
Röste, in der Schweiz auch „Röschti“ genannt, sind eine berühmte und beliebte Spezialität dieses Landes.

ZWERGENLAIBCHEN

Zutaten:
120 g mehligkochende Kartoffeln
400 g Roggenmehl
100 g Weizenmehl Type 1050
1/2 Würfel Hefe
1 Teelöffel Sauerteig-Extrakt
1/2 l lauwarme Milch
etwas Salz und Kümmel

Zubereitung:
Die gekochten, geschälten Kartoffeln noch heiß durch die Kartoffelpresse drücken, lauwarm weiterverarbeiten. Mehl in eine Schüssel sieben. In die Mitte eine Mulde drücken, die Hefe hineinbröckeln, mit etwas Milch glattrühren und Mehl darüberstäuben. Den Vorteig ca. 15 Minuten gehen lassen.

Nun werden Kartoffeln sowie Sauerteig-Extrakt auf den Mehlrand gegeben, Gewürze hinzugefügt und mit der Milch zu einem festen, glatten Teig verknetet. Diesen so lange abschlagen, bis er sich von der Schüssel löst.
Danach mit einem Geschirrhandtuch abdecken, bei Zimmertemperatur gehen lassen (bis sich der Teig verdoppelt hat).

Anschließend auf einer bemehlten Arbeitsfläche kurz durchkneten, kleine Laibchen formen, auf ein gefettetes Backblech legen, nochmals einige Minuten gehen lassen.
Vor dem Backen jedes Laibchen mit lauwarmem Wasser bestreichen, im vorgeheizten Backofen bei 200 Grad ca. 20 Minuten backen.

KARTOFFELSUPPE

Zutaten:
500 g Kartoffeln
1 Zwiebel
1 Stange Lauch
1 Möhre
30 g Butter
1 l Gemüsebrühe
1/2 Becher süße Sahne
1 Ecke Schmelzkäse
etwas Salz, Pfeffer und Majoran
Schnittlauchröllchen

Zubereitung:
Die geschälten Kartoffeln in Würfel schneiden. Zwiebel, Lauch sowie Möhre kleinschneiden, kurz in Butter andünsten, Kartoffeln dazugeben, mit der Gemüsebrühe auffüllen. Die Suppe etwa 15 Minuten kochen lassen, anschließend pürieren. Sahne und den in Stückchen geschnittenen Schmelzkäse unterrühren (die Suppe nur noch erhitzen, nicht mehr kochen), mit den Gewürzen abschmecken.
Schnittlauchröllchen oder je nach Geschmack kleingehackte Petersilie, Kümmel, Paprikapulver darüberstreuen.

Gerne werden zu der Kartoffelsuppe die Zwergenlaibchen gegessen.
Ein ganz besonderes Suppenvergnügen ist jedoch, wenn man die Zwergenlaibchen etwas aushöhlt und mit Suppe füllt. Hier wäre dem „Suppen-Kaspar" bestimmt nicht der Gedanke gekommen: „Nein, meine Suppe ess' ich nicht", sondern er hätte sicherlich mit Genuss die Suppe aus dem Laibchen gelöffelt und dieses anschließend verspeist.

Kartoffel-Grießküchlein

500 g Kartoffeln kochen, schälen, noch heiß durch die Kartoffelpresse drücken.

In die abgekühlten Kartoffeln 200 g Grieß, 3 Esslöffel geriebenen Gouda, 1/8 l Milch, 1 Teelöffel Thymian, etwas Salz und Pfeffer geben.

Alles zu einem glatten Teig verarbeiten.

Aus dem Teig eine Rolle formen.

Von der Teigrolle etwa 1 cm dicke Scheiben abschneiden.

Fett in einer Pfanne erhitzen und die Küchlein auf beiden Seiten goldgelb backen.

KARTOFFEL-PILZGERICHT

Zutaten:
750 g Kartoffeln
15 g getrocknete Steinpilze
1 Becher süße Sahne
100 g durchwachsener Speck
400 g Champignons
etwas Öl
4 Eigelb
etwas Salz und Pfeffer
1 Teelöffel Basilikum
1 Bund Petersilie

Zubereitung:
Kartoffeln kochen, schälen, in Scheiben schneiden. Die Steinpilze in der Sahne einweichen.

Den würfelig geschnittenen Speck in heißem Öl kurz anbraten, die blättrig geschnittenen Champignons dazugeben und etwas mitdünsten. Kartoffelscheiben, Speck, Champignons in eine gefettete Auflaufform schichten. Eigelb und Steinpilz-Sahne gut verrühren, mit Salz, Pfeffer, Basilikum würzen sowie die feingehackte Petersilie untermischen. Diesen Guss über das Kartoffel-Pilzgericht gießen.
Im vorgeheizten Backofen bei 200 Grad ca. 25 Minuten backen.

GEFÜLLTE KARTOFFELN

Zutaten:
8 große Kartoffeln
1 Eigelb
1 Esslöffel Crème fraîche
1 kleine Zwiebel
300 g Champignons
2 Esslöffel kleingehackte Petersilie
1 Esslöffel Butter
etwas Salz, Pfeffer, Thymian und geriebene Muskatnuss
50 g geriebener Hartkäse

Zubereitung:
Die gekochten Kartoffeln der Länge nach halbieren.
Jede Kartoffelhälfte aushöhlen (darauf achten, dass etwa 1 cm Rand stehen bleibt).
Eigelb und Crème fraîche verrühren sowie die mit einer Gabel zerdrückte Kartoffelmasse untermischen.
Feingehackte Zwiebel, blättrig geschnittene Champignons, Petersilie in heißer Butter kurz dünsten, zu der Kartoffelmasse geben, untermengen und gut würzen.
Die ausgehöhlten Kartoffeln damit füllen. Diese in eine gefettete, feuerfeste Form setzen, Käse darüberstreuen.
Im vorgeheizten Backofen bei 200 Grad ca. 10 Minuten überbacken.

KARTOFFELPFANNE

Zutaten:
250 g Möhren
etwas Butter
4 Esslöffel Wasser
1/4 Gemüsebrühwürfel
2 Stangen Lauch
800 g Kartoffeln
Fett zum Anbraten
10 Cocktailwürstchen
etwas Salz und Pfeffer
Schnittlauchröllchen

Zubereitung:
Möhren in Scheiben schneiden, leicht in Butter dünsten, danach mit Wasser ablöschen. Gemüsebrühwürfel sowie den in Ringe geschnittenen Lauch dazugeben, kurz mitdünsten (Gemüse warmhalten).
Die rohen, geschälten, feingehobelten Kartoffeln in heißem Fett auf beiden Seiten knusprig braten.
In der Zwischenzeit die Cocktailwürstchen ebenfalls gut anbraten. Diese in der Mitte durchschneiden und zusammen mit den Kartoffeln unter das Gemüse mischen, gut würzen. Vor dem Servieren Schnittlauchröllchen über die Kartoffelpfanne streuen.

WÜRZIGES KARTOFFELBROT

Zutaten:

500 g Kartoffeln
$^1/_8$ l Milch
350 g Mehl Type 1050
1 Ei
1 Esslöffel Olivenöl
1 Teelöffel Salz
1 $^1/_2$ Teelöffel Zucker
30 g Hefe
70 g durchwachsener Speck
1 große Zwiebel
2 Bund Schnittlauch

Zubereitung:

Rohe, geschälte Kartoffeln fein reiben, auf ein Küchentuch geben, gut auspressen. Danach lauwarme Milch in die Kartoffelmasse rühren. Anschließend Mehl, Ei, Olivenöl, Salz, Zucker sowie die zerbröckelte Hefe dazugeben. Alles zu einem glatten Teig verkneten und so lange abschlagen, bis er sich von der Schüssel löst. Mit einem Geschirrtuch abdecken, etwa 30 Minuten gehen lassen. Speck und Zwiebel würfelig, Schnittlauch in Röllchen schneiden, unter den gegangenen Teig kneten. Diesen in eine gefettete Kastenform legen, nochmals zugedeckt 30 Minuten gehen lassen. Im vorgeheizten Backofen bei 200 Grad ca. 45 Minuten backen.

Dieses würzige Kartoffelbrot wird gerne mit Schafskäse und Oliven gegessen.

KARTOFFELIGES AUS GRIECHENLAND

Zutaten:
800 g Kartoffeln
1/2 Tasse Olivenöl
1 Zwiebel
1 Knoblauchzehe
300 g Rinderhackfleisch
2 Esslöffel Tomatenmark
etwas Salz und Pfeffer
1/4 l Gemüsebrühe
100 g geriebener Hartkäse

Soße:
2 Esslöffel Butter
1 Esslöffel Mehl
1/4 l Milch
2 Eigelb
etwas Salz und
geriebene Muskatnuss

Zubereitung:
Kartoffeln schälen, dünne Scheiben hobeln. Die Hälfte des Öls in einer Pfanne erhitzen, darin die Kartoffelscheiben von beiden Seiten anbraten. Zwiebel sowie Knoblauchzehe fein hacken, im restlichen Öl zusammen mit dem Hackfleisch und Tomatenmark anbraten, gut würzen. Mit der Gemüsebrühe ablöschen. Anschließend die Hälfte des Hartkäses unterrühren, abkühlen lassen.

Zubereitung der Soße:
Butter in einem Topf erhitzen, Mehl dazugeben, mit Milch ablöschen unter Rühren aufkochen lassen. Die zerschlagenen Eigelb einrühren, würzen, nochmals aufkochen. Danach restlichen Hartkäse zufügen und den Topf vom Herd nehmen.

Die Kartoffelscheiben in eine gefettete Auflaufform legen, salzen, darauf die Hackfleischmasse verteilen.
Zum Schluss die Soße darübergießen. Das griechische Kartoffelgericht im vorgeheizten Backofen bei 220 Grad ca. 30 Minuten überbacken.

SEEMANNSKARTOFFELN

Zutaten:
1 kg Kartoffeln
1 Zwiebel
75 g durchwachsener Speck
etwas Öl
4 Matjesfilets
1 Bund Dill
etwas Salz und Pfeffer
1 Becher süße Sahne

Zubereitung:
Gekochte, geschälte Kartoffeln in Scheiben schneiden. Zwiebel und Speck fein würfeln, in heißem Öl glasig dünsten.

Eine Auflaufform ausfetten, die Hälfte der Kartoffeln einschichten, Salz, Pfeffer darüberstreuen. Darauf einen Teil der Zwiebel-Speck-Mischung geben, mit den in kleine Streifen geschnittenen Matjesfilets belegen. Feingehackten Dill sowie restliche Zwiebel-Speck-Mischung über diesen verteilen. Mit Kartoffelscheiben abdecken, gut würzen und Sahne darübergießen. Die Seemannskartoffeln in den kalten Backofen schieben, bei 200 Grad ca. 45 Minuten backen.

KARTOFFELPLÄTZCHEN

Zutaten:
125 g Kartoffeln
125 g Mehl
50 g Kartoffelmehl
125 g Butter
etwas Salz

1 Eigelb
etwas Wasser
Kümmel, Mohn,
Pistazien, Sesam

Zubereitung:
Kartoffeln kochen, schälen, noch heiß durch die Kartoffelpresse drücken, erkalten lassen.
Danach Mehl, Kartoffelmehl, kleingeschnittene Butter, Salz in die Kartoffelmasse geben, zu einem glatten Teig verarbeiten, etwa 1 Stunde kaltstellen.
Anschließend auf einer bemehlten Arbeitsfläche den Teig ca. 3 mm dick auswellen, verschiedene Motive ausstechen. Diese auf ein mit Back-Trennpapier ausgelegtes Backblech setzen. Eigelb mit etwas Wasser zerschlagen und die Plätzchen bestreichen. Das Gebäck beliebig bestreuen. Im vorgeheizten Backofen bei 200 Grad ca. 15 Minuten goldgelb backen.

LECKERE KARTOFFELWAFFELN

Zutaten:
250 g Kartoffeln
60 g Butter
100 g Zucker
4 Eigelb
1 Esslöffel Mehl
1/2 Teelöffel Zimt
6 Esslöffel süße Sahne
4 Eiweiß

Zubereitung:
Kartoffeln kochen, schälen, noch heiß durch die Kartoffelpresse drücken, erkalten lassen. Butter schaumig schlagen, abwechselnd Zucker und Eigelb mitrühren. Danach Mehl, Zimt, Sahne sowie die Kartoffeln dazugeben. Alles zu einem glatten Teig verarbeiten. Anschließend das steifgeschlagene Eiweiß unterziehen. In das vorgeheizte, leicht eingefettete Waffeleisen jeweils einen Löffel Teig geben. Jede Waffel ca. 5 Minuten hellbraun backen. Die leckeren Kartoffelwaffeln mit Puderzucker bestäuben.

SÜSSES KARTOFFELGEBÄCK

Zutaten:
250 g Kartoffeln
400 g Mehl
100 g Kartoffelmehl
1 Päckchen Backpulver
150 g Zucker
1 Päckchen Vanillezucker
2 Eier
150 g kleingeschnittene Butter

Marmelade zum Füllen
1 Ei
Tortelettförmchen mit Ausstechen

Zubereitung:
Die gekochten, geschälten Kartoffeln noch heiß durch die Kartoffelpresse drücken, erkalten lassen. Alle Zutaten zu einem glatten Teig verkneten, etwa 1 Stunde kaltstellen.
Danach den Teig auf einer bemehlten Arbeitsfläche ca. $^{1}/_{2}$ cm dick auswellen.
Mit dem Tortelettförmchen Kreise ausstechen. In die Mitte jeweils einen Klecks Marmelade geben.
Den Kreisrand zur Hälfte mit dem leicht geschlagenen Eiweiß bestreichen, die andere Hälfte darüberklappen und andrücken. Anschließend auf ein mit Back-Trennpapier ausgelegtes Backblech setzen. Eigelb mit etwas Wasser zerschlagen und das Gebäck bestreichen. Wer möchte, kann Hagelzucker darüberstreuen.
Im vorgeheizten Backofen bei 190 Grad ca. 15 Minuten backen.
Bestäubt man das Gebäck nach dem Auskühlen mit Puderzucker wird es vor dem Backen nicht mit Eigelb bestrichen.

KARTOFFEL-ZUCCHINIPUFFER

Zutaten:
150 g Zucchini
etwas Butter
300 g Kartoffeln
3 Esslöffel Mehl
2 Eier
1 Teelöffel Oregano
etwas Salz, Pfeffer,
Dill und geriebene
Muskatnuss
Öl zum Ausbacken

Zubereitung:
Die geraffelten Zucchini in heißer Butter andünsten. Kartoffeln schälen, grob reiben. Diese mit Zucchini, Mehl, Eier sowie den Gewürzen gut vermischen. Öl erhitzen, etwas Teig in die Pfanne geben und verstreichen. Jeden Kartoffel-Zucchinipuffer auf beiden Seiten goldgelb ausbacken.

JOGHURT-KARTOFFELSUPPE

Das Rezept stammt aus der Türkei und heißt in der Landessprache Müçver. Anstelle der Zucchini kann man auf dieselbe Weise die Kartoffelpuffer auch mit Lauch oder Möhren zubereiten. Zu den Möhren evtl. noch eine kleingehackte Zwiebel und Schnittlauchröllchen geben. Ein Teelöffel getrocknete, fein zerriebene Minzblätter sind eine wohlschmeckende Würzvariante.

Zutaten:
2 Esslöffel Olivenöl
1 Zwiebel
500 g mehligkochende Kartoffeln
1/2 l Gemüsebrühe
1 Lorbeerblatt
1 Teelöffel Thymian
etwas Salz, Pfeffer und geriebene Muskatnuss
1 Becher Naturjoghurt
3 Eigelb
1 Bund Petersilie

Zubereitung:
Olivenöl erhitzen, darin die feingehackte Zwiebel andünsten. Die geschälten Kartoffeln würfelig schneiden und kurz mitdünsten. Gemüsebrühe sowie Lorbeerblatt dazugeben. Bei mäßiger Hitze etwa 15 Minuten köcheln lassen. Danach das Lorbeerblatt herausnehmen, die Suppe pürieren, mit Thymian, Salz, Pfeffer, Muskatnuss abschmecken.

Joghurt und Eigelb verquirlen, anschließend in die Suppe einrühren. Vor dem Servieren feingehackte Petersilie darüberstreuen.
Diese Joghurt-Kartoffelsuppe ist ebenfalls ein sehr gut schmeckendes türkisches Rezept und wird dort Yoğurtlu Patates Çorbası genannt.
Das Zwergenstübchen wünscht dazu Afiyet Olsun! (Guten Appetit!)

Kümmelkartoffeln

Kartoffeln gut waschen und bürsten,
da sie mit der Schale gegessen werden.

Die Kartoffeln oben kreuzweise einschneiden.

Kartoffeln in eine gefettete,
feuerfeste Form stellen.

Kartoffeln mit zerlassener Butter bestreichen.

Salz und Kümmel über die Kartoffeln streuen.

Im vorgeheizten Backofen bei
190 Grad ca. 50 Minuten backen.

KARTOFFELTASCHEN

Zutaten:

Teig:
500 g mehligkochende Kartoffeln
100 g Mehl
50 g Kartoffelmehl
1 Eigelb
etwas Salz und geriebene Muskatnuss

Füllung:
1 kleine Zwiebel
2 Esslöffel gehackte Petersilie
2 Esslöffel Öl
150 g Bratwurstbrät
1 Eiweiß

Zubereitung:
Die gekochten, geschälten Kartoffeln noch heiß durch die Kartoffelpresse drücken, abkühlen lassen.

Zubereitung Füllung:
Feingehackte Zwiebel mit Petersilie in heißem Öl andünsten, Bratwurstbrät dazugeben und kurz mitbraten.

Zubereitung Teig:
Alle Zutaten zu einem glatten Teig verkneten. Diesen auf einer bemehlten Arbeitsfläche dünn auswellen, daraus ca. 10 cm große Quadrate schneiden. Anschließend in die Mitte eines jeden Teigstückes etwas von der Füllung geben. Den Teigrand zur Hälfte mit dem leicht geschlagenen Eiweiß bestreichen, die andere Hälfte darüberklappen, gut andrücken.

Sind alle Kartoffeltaschen gefüllt, legt man sie in kochendes Salzwasser; bei schwacher Hitze etwa 10 Minuten ziehen lassen.
Als Beilage empfehlen wir Blattsalat oder Gemüse.

ZWERGENSTÜBCHENS-KARTOFFELTORTE

Zutaten:

Teig:

200 g mehligkochende Kartoffeln
4 Eigelb
200 g Puderzucker
Saft von einer Zitrone
2 Esslöffel Orangensaft
4 Esslöffel süße Sahne
150 g gemahlene Haselnüsse
150 g gemahlene Mandeln
60 g Grieß
1 Teelöffel Backpulver
4 Eiweiß

Belag:

200 g Aprikosenmarmelade
200 g Schokoladenglasur

Zubereitung:

Kartoffeln am Vortag kochen, schälen, noch heiß durch die Kartoffelpresse drücken.

Bis zur Weiterverarbeitung im Kühlschrank aufbewahren. Eigelb gut rühren und abwechselnd löffelweise Puderzucker, Zitronen-, Orangensaft, Sahne dazugeben, zu einer dicken schaumigen Masse schlagen.

Danach Kartoffeln, Haselnüsse, Mandeln, Grieß mit Backpulver vermischt, einrühren. Das steifgeschlagene Eiweiß unterziehen. Den Teig in eine mit Back-Trennpapier ausgelegte Springform füllen. Im vorgeheizten Backofen bei 180 Grad ca. 45 Minuten backen.

Anschließend den Tortenboden auf einem Kuchengitter gut auskühlen lassen, das Back-Trennpapier entfernen und einmal in der Mitte quer durchschneiden. Auf einen Boden Aprikosenmarmelade streichen, den anderen darauflegen. Die Zwergenstübchens-Kartoffeltorte mit der im Wasserbad erwärmten Schokoladenglasur überziehen und hübsch verzieren.

FRUCHTIGE KARTOFFELKNÖDEL

Zutaten:
1 kg mehligkochende Kartoffeln
300 g Mehl
1 Teelöffel Backpulver
2 Eier
etwas Salz
500 g Zwetschgen oder
750 g Aprikosen
Würfelzucker
100 g Butter
100 g Semmelbrösel
etwas Zucker und Zimt

Zubereitung:
Kartoffeln am Vortag kochen, schälen, noch heiß durch die Kartoffelpresse drücken.
Bis zur Weiterverarbeitung im Kühlschrank aufbewahren.
Danach Kartoffeln, Mehl mit Backpulver vermischt, Eier, Salz zu einem glatten Teig verkneten. Diesen auf einer bemehlten Arbeitsfläche etwa 1/2 cm dick auswellen, daraus ca. 10 cm große Quadrate schneiden.
Die Zwetschgen oder Aprikosen entsteinen, jeweils mit einem Stück Würfelzucker füllen. Anschließend in die Mitte eines jeden Teigstückes eine Frucht legen, den Teig darüberschlagen und mit den Händen zu einem Kloß formen. Danach alle in kochendes Salzwasser legen, bei schwacher Hitze ca. 15 Minuten ziehen lassen, bis sie an der Oberfläche schwimmen.
Semmelbrösel in heißer Butter goldgelb rösten, Zucker, Zimt dazugeben und darin die gegarten abgetropften Knödel wälzen.

Nach demselben Rezept können die Knödel z.B. auch mit gezuckerten Erdbeeren, Himbeeren oder Heidelbeeren gefüllt werden.

KARTOFFEL-LEBKUCHEN

Zutaten:
250 g Kartoffeln
3 Eier
375 g Zucker
225 g Mehl
1 1/2 Päckchen Backpulver
250 g gemahlene Haselnüsse
50 g gewürfeltes Orangeat
50 g gewürfeltes Zitronat
2 Teelöffel Zimt
1/2 Teelöffel Nelken
Backoblaten 70 mm ø

Dekoration:
Kuvertüre, abgezogene Mandeln, Walnußhälften, Haselnüsse, gehackte Mandeln und Pistazien

Zubereitung:
Kartoffeln kochen, schälen, noch heiß durch die Kartoffelpresse drücken, kaltstellen.

Eier schaumig rühren, Zucker einrieseln lassen, zu einer cremigen Masse schlagen. Mehl mit Backpulver vermischt, Haselnüsse, Orangeat, Zitronat, Zimt, Nelken, Kartoffeln dazugeben, zu einem glatten Teig verarbeiten. Mit diesem die Oblaten bestreichen, auf ein Backblech setzen. Im vorgeheizten Backofen bei 180 Grad ca. 20 Minuten backen.
Wer möchte kann die erkalteten Kartoffel-Lebkuchen noch mit der im Wasserbad geschmolzenen Kuvertüre überziehen und beliebig verzieren.

Reibekuchen

750 g rohe, geschälte Kartoffeln
mittelfein reiben, auf ein Küchentuch geben,
gut ausdrücken.
Die Kartoffelmasse sowie 3 Esslöffel Mehl,
2 Esslöffel saure Sahne, 1 Ei, etwas Salz
und geriebene Muskatnuss in einer
Schüssel verrühren.
Für jeden Reibekuchen 2 Esslöffel Teig in
heißes Fett geben, flachdrücken,
auf beiden Seiten goldbraun backen.
Zu den Reibekuchen wird besonders
gerne Apfelmus gegessen.

INHALT Seite

Die erfolgreichen

Elke und Timo Schuster
Margret Hoss
Aufläufe & Co.
64 S. / gebunden
29,7 x 21 cm
€ (D) 9,95 € (A) 10,30
ISBN 978-3-7806-2001-9

Elke und Timo Schuster
Johanna Ignjatovic
Backgeheimnisse
64 S. / gebunden
29,7 x 21 cm
€ (D) 9,95 € (A) 10,30
ISBN 978-3-7806-2000-2

Elke und Timo Schuster
E. Zeidler und M. Rohrbeck
Familienküche
48 S. / gebunden
29,7 x 21 cm
€ (D) 9,95 € (A) 10,30
ISBN 978-3-7806-2032-3

Elke und Timo Schuster
E. Zeidler und M. Rohrbeck
Backbuch
64 S. / gebunden
29,7 x 21 cm
€ (D) 9,95 € (A) 10,30
ISBN 978-3-7806-2011-8

Elke und Timo Schuster
E. Zeidler und M. Rohrbeck
Bäckerei
48 S. / gebunden
29,7 x 21 cm
€ (D) 9,95 € (A) 10,30
ISBN 978-3-7806-2022-4

Elke und Timo Schuster
Margret Hoss
Feine Waffeln - Tolle Muffins
64 S. / gebunden
29,7 x 21 cm
€ (D) 9,95 € (A) 10,30
ISBN 978-3-7806-2023-1

Elke und Timo Schuster
Margret Hoss
Backen für Freunde
64 S. / gebunden
29,7 x 21 cm
€ (D) 9,95 € (A) 10,30
ISBN 978-3-7806-2004-0

Elke und Timo Schuster
Margret Hoss
Geburtstagsbuch
64 S. / gebunden
29,7 x 21 cm
€ (D) 9,95 € (A) 10,30
ISBN 978-3-7806-2010-1

Koch- und Backbücher

Elke und Timo Schuster
Margret Hoss
Kartoffelkiste
64 S. / gebunden
29,7 x 21 cm
€ (D) 9,95 € (A) 10,30
ISBN 978-3-7806-2003-3

Elke und Timo Schuster
E. Zeidler und M. Rohrbeck
Pfannkuchen & Co.
64 S. / gebunden
29,7 x 21 cm
€ (D) 9,95 € (A) 10,30
ISBN 978-3-7806-2007-1

Elke und Timo Schuster
Margret Hoss
Süße Früchte
64 S. / gebunden
29,7 x 21 cm
€ (D) 9,95 € (A) 10,30
ISBN 978-3-7806-2019-4

Elke und Timo Schuster
Margret Hoss
Kochen für Freunde
64 S. / gebunden
29,7 x 21 cm
€ (D) 9,95 € (A) 10,30
ISBN 978-3-7806-2005-7

Elke und Timo Schuster
Margret Hoss
Reisküche
64 S. / gebunden
29,7 x 21 cm
€ (D) 9,95 € (A) 10,30
ISBN 978-3-7806-2009-5

Elke und Timo Schuster
Margret Hoss
Torten-ABC
64 S. / gebunden
29,7 x 21 cm
€ (D) 9,95 € (A) 10,30
ISBN 978-3-7806-2014-9

Elke und Timo Schuster
Margret Hoss
Nudelzauber
64 S. / gebunden
29,7 x 21 cm
€ (D) 9,95 € (A) 10,30
ISBN 978-3-7806-2002-6

Elke und Timo Schuster
Margret Hoss
Rezepte für Feste
64 S. / gebunden
29,7 x 21 cm
€ (D) 9,95 € (A) 10,30
ISBN 978-3-7806-2021-7

Verantwortlich: Elke und Timo Schuster
Illustration: Margret Hoss
Fotografie: Axel Waldecker

Der Inhalt dieses Buches ist vom Verlag sorgfältig erwogen und geprüft, dennoch kann eine Garantie nicht übernommen werden. Eine Haftung des Verlages für Personen-, Sach- und Vermögensschäden ist ausgeschlossen.

Bibliografische Information der Deutschen Bibliothek
Die Deutsche Bibliothek verzeichnet diese Publikation in der Deutschen Nationalbibliografie; detaillierte bibliografische Daten sind im Internet über http://dnb.ddb.de abrufbar.

8. Auflage 2025

Druck und Bindung: DZS Grafik
ISBN 978-3-7806-2003-3

www.zwergenstuebchen-schuster.de